LE CID ABRÉGÉ

ABRÉGÉ EN CINQ ACTES

et en vers extraits de CORNEILLE lui-même

OU

ANALYSE-SPÉCIMEN

D'UN GENRE AUSSI NOUVEAU QU'INSTRUCTIF, PUISQU'ELLE SE COMPOSE DES PASSAGES
LES PLUS REMARQUABLES DE CETTE PIÈCE
ET DE CEUX DONT LA CONNAISSANCE EST INDISPENSABLE A TOUT LE MONDE

Par un Professeur de littérature

TOULOUSE
EN VENTE CHEZ TOUS LES LIBRAIRES
—
1881

LE CID ABRÉGÉ

ou

ANALYSE DIALOGUÉE

de la tragédie du CID, par Corneille

Cette analyse est d'un genre tout à fait nouveau : 1° parce qu'elle est en vers ; 2° parce que ces vers sont extraits de la tragédie elle-même ; 3° parce qu'elle est monographique, c'est-à-dire dégagée de toutes les scènes épisodiques qui rompent l'unité de l'action, même lorsqu'elles sont intimement liées au sujet.

PERSONNAGES

DON GOMEZ, comte de Gormas, vaillant homme de guerre et compétiteur de Don Diègue pour les fonctions de gouverneur du prince de Castille, fils du roi.

CHIMÈNE, fille de don Gomez, promise à Rodrigue, et type de la fierté castillane.

DON DIÈGUE, père de Rodrigue, nommé depuis

peu gouverneur du prince, vieillard encore plein de feu, mais affaibli par l'âge.

RODRIGUE, fils de DON DIÈGUE, amant de CHIMÈNE, type de l'honneur chevaleresque et de l'amour filial, ainsi que du devoir.

FERNAND, roi de Castille, roi plein de sens, d'équité et de modération, image de la royauté, telle qu'elle devrait être.

PERSONNAGES SECONDAIRES

DON SANCHE, prétendant de CHIMÈNE et par conséquent rival de RODRIGUE.

DOÑA URRAQUE, infante de Castille, éprise de RODRIGUE, quoiqu'elle sache que celui-ci aime CHIMÈNE et en est aimé. — Personnage inutile ainsi que celui de LÉONOR, sa gouvernante.

ELVIRE, gouvernante de CHIMÈNE.

DON ARIAZ, DON ALONSE, gentilshommes espagnols.

La scène se passe à Séville. L'action a lieu vers la fin du onzième siècle. En 1033.

SUJET DU PREMIER ACTE

DON RODRIGUE et DON SANCHE, jeunes seigneurs de la cour de Fernand ou Ferdinand Ier, roi de Castille, sont épris tous deux de CHIMÈNE, fille de DON GOMEZ, seigneur de la même cour. RODRIGUE, fils de DON DIÈGUE, autre courtisan, est préféré de CHIMÈNE. Au moment où commence l'action, RODRIGUE et CHIMÈNE vont être unis du consentement de leurs pères, lorsqu'au sortir du Conseil, DON GOMEZ apprend que DON DIÈGUE a été nommé gouverneur du prince de Castille, honneur que le COMTE prétendait seul mériter. Ils se prennent de querelle à ce sujet, et, dans la vivacité de la dispute, DON GOMEZ donne un soufflet à DON DIÈGUE. Celui-ci, trop vieux pour pouvoir lui-même tirer vengeance de cet affront, charge son fils DON RODRIGUE d'appeler le COMTE (DON GOMEZ) en duel. RODRIGUE accepte, bien à regret, cette mission; mais, enfin, il se décide à sacrifier sa passion au devoir.

NOTA. — Cette rapide analyse du premier acte suffit pour bien comprendre les quatre derniers actes de la pièce.

ACTE PREMIER

SOMMAIRE
Votre père, ô Chimène, estime votre amant
D'une manière unique.

SCÈNE PREMIÈRE
CHIMÈNE, ELVIRE

CHIMÈNE.
Elvire, m'as-tu fait un rapport bien sincère ?
Ne déguises-tu rien de ce qu'a dit mon père ?

ELVIRE
Tous mes sens à moi-même en sont encor charmés :
Il estime Rodrigue autant que vous l'aimez ;
Et si je ne m'abuse à lire dans son âme,
Il vous commandera de répondre à sa flamme.
  Tout donc vous *favorise*.

SCÈNE II (*)

Confidence de l'Infante à Léonor, *à qui elle avoue qu'elle aime éperdûment Rodrigue, mais secrètement et sans espoir de l'épouser.*

(*) Voir page 16, alinéa 2, ce qu'indique le signe ❈.

(B) SCÈNE III (*)

LE COMTE, DIÈGUE

LE COMTE
Enfin, vous l'emportez, et la *faveur* du roi
Vous élève en un rang qui n'était dû qu'à moi ;
Il vous fait gouverneur du prince de Castille.

DIÈGUE
Cette marque d'estime honore ma famille.

LE COMTE
Sachez que cet honneur n'était dû qu'à mon bras,

DON DIÈGUE
Qui n'a pu l'obtenir, ne le *méritait* pas.

LE COMTE
Ne le *méritait* pas, moi ?

DON DIÈGUE
Vous !

LE COMTE
Ton impudence,
Téméraire vieillard, aura sa récompense.
(*Il lui donne un soufflet.*)

DON DIÈGUE
Ah ! que *ta main* me *tue* après un tel affront,
Le premier dont ma *race* ait vu rougir son front.

(*) Voir page 16, alinéa 3, ce qu'indique le signe (B).

(B) SCÈNE IV

DON DIÈGUE

O *rage !* ô désespoir ! ô vieillesse ennemie !
Hélas ! quelle navrante et cruelle infamie !
Pour un homme de cœur !

(B) SCÈNE V

DIÈGUE, RODRIGUE

DON DIÈGUE

Rodrigue, as-tu du cœur, et mon nom t'est-il CHER ?

RODRIGUE

Mon père...

DON DIÈGUE

Venge-moi d'un affront BIEN AMER...
D'un soufflet : l'insolent en eût perdu la vie,
Mais mon âge a trompé ma généreuse envie,
Et ce fer, que mon bras ne peut plus soutenir,
Je le remets au tien pour venger et punir.

RODRIGUE

Quel est donc...

DON DIÈGUE

Le coupable est un grand capitaine ;
C'est...

RODRIGUE

De grâce, achevez.

DON DIÈGUE

Le père de Chimène.

RODRIGUE

Le...

DON DIÈGUE

Ne réplique point. Je connais ton amour ;
Mais qui peut vivre infâme est indigne du jour.
Va, cours, vole et me venge.

SCÈNE VI

Monologue de RODRIGUE *composé de stances lyriques dans lesquelles il exprime le combat que se livrent dans son cœur le devoir et l'amour.*

ACTE DEUXIÈME

SOMMAIRE

Comte, à nous deux, deux mots. Connais-tu don Diègue ?

SCÈNE PREMIÈRE

ARIAS, LE COMTE

ARIAS *vient de la part du roi prier le* COMTE *de réparer ses torts envers le père de* RODRIGUE *et d'éviter ainsi le duel.* — *Le* COMTE *refuse.*

(B) SCÈNE II

LE COMTE, RODRIGUE

RODRIGUE

A moi, Comte, deux mots, je veux sortir d'un doute.

Connais-tu don Diègue?

LE COMTE

Oui.

RODRIGUE

Parlons bas; écoute :
Sais-tu que ce vieillard fut toujours la vertu,
La vaillance et l'honneur de son temps? le sais-tu?

LE COMTE

Peut-être.

RODRIGUE

Cette ardeur que dans les yeux je porte,
Sais-tu que c'est son sang ? le sais-tu?

LE COMTE

Que m'importe !

RODRIGUE

A quatre pas d'ici, je te le ferai voir.

LE COMTE

JEUNE présomptueux !

RODRIGUE

Parle sans t'émouvoir.
Je suis JEUNE, il est vrai, mais aux âmes bien nées
La valeur n'attend pas le nombre des années.
Pour VAINCRE *en* DÉBUTANT.

(*Ils sortent pour aller se battre.*)

SCÈNE III

SCÈNE IV

SCÈNE V

L'infante exprime à LÉONOR, *sa confidente, ses craintes sur les suites du duel.*

SCÈNE VI

ARIAS *vient rendre compte au roi des tentatives inutiles qu'il a faites pour empêcher don* GOMEZ *et don* RODRIGUE *de se battre.*

SCÈNE VII

FERNAND, ALONSE

ALONSE

Encore à son DÉBUT, mais BRAVE, sans effort,
Rodrigue à don Gomez vient de donner la mort,
Mort JUSTE à mon avis.

SCÈNE VIII

FERNAND, DIÈGUE, CHIMÈNE

CHIMÈNE, *désespérée de la mort de son père, dit au roi :*
Je demande JUSTICE.

DON DIÈGUE

Entendez ma défense.

CHIMÈNE

Sire, d'un meurtrier punissez l'insolence ;
Il a, de votre sceptre, abattu le soutien,
Il a tué mon père.

DON DIÈGUE

Il a vengé le sien,
Gravement offensé.

FERNAND

Cette affaire est très-grave et, bien considérée,
Mérite en plein conseil d'être délibérée.

ACTE TROISIÈME

SOMMAIRE

Quoi ! sous le même toit, le criminel et moi !

SCÈNES I, II, III

(B) SCÈNE IV

CHIMÈNE, RODRIGUE, ELVIRE

CHIMÈNE

Où sommes-nous, Elvire ? Et qu'est-ce que je vois ?
Rodrigue en ma maison ! Rodrigue devant moi !

RODRIGUE

Je viens t'offrir mon sang, j'aurai bien moins de peine
A mourir de ta main qu'à vivre avec ta haine.

CHIMÈNE

Va, je ne te hais point.

RODRIGUE

Tu le dois.

CHIMÈNE

Je ne puis.

RODRIGUE

Puisse enfin *le ciel mettre un terme à tant d'ennuis !*

SCÈNE V

Monologue de Diègue.

SCÈNE VI

DON DIÈGUE, RODRIGUE

DON DIÈGUE

Le ciel, Rodrigue, enfin, permet que je te voie !

RODRIGUE

Hélas !

DON DIÈGUE

Ne mêle pas de soupirs à ma joie.

RODRIGUE

Ne me dites plus rien, pour vous j'ai tout perdu :
Ce que je vous devais, je vous l'ai bien rendu.
La mort seule...

DON DIÈGUE

Du moins fuis un trépas stérile,
*Les Maures, à grands pas, marchent sur notre ville,
Leur flotte n'est pas loin ; va les attendre au port ;
Là, si tu veux mourir, trouve une belle mort.*

ACTE QUATRIÈME

SOMMAIRE
Rodrigue a pour captifs des monarques.

SCÈNE PREMIÈRE
CHIMÈNE, ELVIRE

CHIMÈNE
Rodrigue a pour CAPTIFS des MONARQUES, Elvire ?
Est-ce bien vrai ?

ELVIRE
Partout on acclame, on admire
Cet HEUREUX conquérant :
Trois HEURES de combat laissent à nos guerriers
Une victoire entière et deux ROIS PRISONNIERS.

SCÈNE II

(B) SCÈNE III
FERNAND, RODRIGUE

FERNAND
Les DEUX ROIS PRISONNIERS seront ta récompense
Dès à PRÉSENT, Rodrigue ;
Ils t'ont nommé tous deux leur *Cid* en ma PRÉSENCE ;
Dans leur langue, ce mot veut dire le *Seigneur.*
Sois désormais le Cid : de ce titre d'honneur,
Nul homme n'est plus digne ; aussi, de ta victoire,
Avec ravissement entendrai-je l'histoire.

RODRIGUE

Sur la terre, sur l'eau, sous nos murs, dans le port,
Triomphaient à l'envi nos drapeaux et la mort.
Sire, mais que d'exploits, combien de faits célèbres,
Dans ces combats de nuit, CACHÉS *par les* TÉNÈBRES!...

SCÈNE IV

SCÈNE V

FERNAND, CHIMÈNE, DIÈGUE

CHIMÈNE

Puisque de ma supplique on fait si peu DE CAS,
Que l'on croit m'honorer en ne m'écoutant pas,
A tous vos cavaliers je demande sa tête;
Qu'un d'entre eux me l'apporte et je suis sa conquête.

FERNAND

Ne prends qu'un champion, surtout choisis-le bien;
Mais, après le COMBAT, ne demande plus rien.

DIÈGUE

Eh! qui donc se BATTRA contre un tel adversaire?
Quel sera le vaillant ou bien le téméraire?

SANCHE

Le téméraire est moi.
(Rodrigue et don Sanche se rendent au lieu du combat.)

ACTE CINQUIÈME

SOMMAIRE
Adieux SAINTS d'un AMANT qui s'attend à mourir.

(B) SCÈNE PREMIÈRE
RODRIGUE, CHIMÈNE

RODRIGUE
Je vais mourir, madame, et vous viens en ce lieu,
Avant le coup mortel, dire un dernier ADIEU.

CHIMÈNE
DIEU sait si je t'aimai, cher Rodrigue ; en revanche,
Afin d'anéantir le droit qu'aurait don Sanche
De s'IMPOSER à MOI, si ton cœur est épris,
Sors VAINQUEUR d'un combat dont Chimène est le prix ;
Adieu ! ces mots lâchés me font rougir de honte.

RODRIGUE
Est-il quelque ennemi qu'à présent je ne dompte ?
Paraissez, Navarrais, Maures et Castillans,
POUR ME VAINCRE SORTEZ, SORTEZ TOUS DE VOS RANGS.

SCÈNE II
Monologue de l'Infante.

SCÈNE III

SCÈNE IV

Elvire fait des observations à Chimène sur son inflexible sévérité envers son amant.

SCÈNE V

SANCHE, CHIMÈNE, FERNAND, DIÈGUE

DON SANCHE

Je suis VAINCU, Madame, et voici mon épée.
D'un sang bien précieux, monstre, est-elle trempée?
Non..., soyez SATISFAITE.

SCÈNE VI

CHIMÈNE, FERNAND, DIÈGUE

FERNAND

Ton père est SATISFAIT, Chimène, et c'était le venger
Que mettre si souvent ton Rodrigue en danger
En nous CONTRISTANT tous.

SCÈNE VII

FERNAND, RODRIGUE, LÉONOR, L'INFANTE, CHIMÈNE

L'INFANTE

Sèche tes pleurs, Chimène, et reçois sans TRISTESSE
Ce généreux vainqueur des mains de ta princesse.

FERNAND, *à Urraque*

Un peu plus tard, Urraque; après tant de malheurs,
Il lui faut quelques jours pour essuyer ses pleurs.

FERNAND, *à Rodrigue*

Rodrigue, en attendant, espère en ma promesse,

Et possédant déjà le cœur de ta maîtresse,
Pour vaincre un point d'honneur qui combat contre toi,
Laisse faire le temps, ta vaillance et ton roi.

Quelques Éclaircissements sur le CID Abrégé
OU LES MOYENS DE SE FAIRE UNE IDÉE NETTE ET PROMPTE D'UNE PIÈCE DE THÉATRE EN CINQ ACTES

C'est en supprimant les scènes les moins remarquables de la tragédie du *Cid* et en abrégeant considérablement les autres que nous avons réduit cette pièce à des proportions telles qu'il est extrêmement facile d'en retenir le sujet, l'ensemble, la succession des scènes, les passages les plus remarquables, etc., etc., surtout si l'on traduit succinctement en prose notre abrégé en vers, soit en écrivant, soit sans se donner la peine d'écrire cette traduction.

Les scènes supprimées sont précédées du signe ☼.

Au contraire, le signe (**B**) signifie que la scène devant laquelle il est placé est une des plus belles de l'ouvrage, et qu'on ne peut se dispenser de la lire *in extenso* dans le texte de Corneille.

Nous aurions à soumettre au lecteur un grand nombre d'autres explications nécessaires pour l'intelligence de notre *Cid abrégé*; mais ces explications, qui exigeraient de très-nombreux détails, trouveront plus naturellement leur place dans un supplément ou dans des conférences.

TOULOUSE. — IMPRIMERIE FOURNIER ET DUPRAT, RUE DUTEMPS, 5.